Sebastian Aha

Aufgaben und Ausbildung einer Fachkraft für Arbeitss

GRIN - Verlag für akademische Texte

Der GRIN Verlag mit Sitz in München hat sich seit der Gründung im Jahr 1998 auf die
Veröffentlichung akademischer Texte spezialisiert.

Die Verlagswebseite www.grin.com ist für Studenten, Hochschullehrer und andere Akade-
miker die ideale Plattform, ihre Fachtexte, Studienarbeiten, Abschlussarbeiten oder Disser-
tationen einem breiten Publikum zu präsentieren.

Sebastian Aha

Aufgaben und Ausbildung einer Fachkraft für Arbeitssicherheit

GRIN Verlag

Bibliografische Information der Deutschen Nationalbibliothek: Die Deutsche Bibliothek
verzeichnet diese Publikation in der Deutschen Nationalbibliografie; detaillierte bibliografische Daten sind im Internet über http://dnb.d-nb.de/ abrufbar.

1. Auflage 2010
Copyright © 2010 GRIN Verlag GmbH
http://www.grin.com
Druck und Bindung: Books on Demand GmbH, Norderstedt Germany
ISBN 978-3-656-14277-5

„Aufgaben und Ausbildung einer Fachkraft für Arbeitssicherheit"

Hausarbeit im Rahmen der Veranstaltung

Technik- und Produktrecht

an der Universität Kassel

Sommersemester 2010

Eingereicht von:

Sebastian Aha

1. Semester Wirtschaftspädagogik (Master)

Hünfeld, den 26.09.2010

I: Inhaltsverzeichnis

II :Abbildungsverzeichnis

III: Abkürzungsverzeichnis

ArbSchG	Arbeitsschutzgesetz
ArbStättV	Arbeitsstättenverordnung
ArbZG	Arbeitszeitgesetz
Art.	Artikel
ASiG	Arbeitssicherheitsgesetz
BAuA	Bundesanstalt für Arbeitsschutz und Arbeitsmedizin
BGV	Berufsgenossenschaftliche Vorschrift für Sicherheit und Gesundheit bei der Arbeit
bsp.	beispielsweise
EG	Europäische Gemeinschaft
et. al	und andere
GewO	Gewerbeordnung
GUV	Gesetzliche Unfallversicherung
JArbSchG	Jugendarbeitsschutzgesetz
Mrd.	Milliarde
MuSchG	Mutterschutzgesetz
Sifa	Sicherheitsfachkraft
UVV	Unfallverhütungsvorschriften
Vgl.	Vergleiche
z.B.	zum Beispiel

1. Einleitung

Unsere Gesellschaft befindet sich im Wandel von der Industrie- zur Dienstleistungsgesellschaft[1], welcher beispielsweise durch verstärkten Einsatz von Kommunikations- und Informationstechniken sowie der Globalisierung von Märkten gekennzeichnet ist. Auch sich verändernde gesellschaftliche Rahmenbedingungen wie die Demographie, Einstellung zur Familie sowie ein verändertes Rollenverständnis von Männern und Frauen[2] zeichnet diese Epoche aus. Diese Entwicklungen beeinflussen Strukturen in Unternehmen und stoßen Veränderungs- und Innovationsprozesse an. Mitarbeiter müssen sich daher auf neue Arbeitsbedingungen einstellen und ihre Kompetenz entsprechend anpassen, denn Wissen ist heute die wichtigste Ressource eines Unternehmens.[3] Durch sich veränderte Tätigkeitsabläufe und neue Belastungen können Erkrankungen oder Verletzungen auftreten. „Es gilt, die Kompetenz, Leistungsfähigkeit und Gesundheit des Einzelnen u.a. durch eine gesundheitsgerechte und sichere Gestaltung der Arbeit zu fördern. Dies ist Aufgabe des Arbeitsschutzes."[4] Eine wichtige Stellung im System des Arbeitsschutzes hat dabei die Fachkraft für Arbeitssicherheit[5], welche Betrachtungsgegenstand dieser Arbeit ist. Hauptaugenmerke liegen dabei in der Betrachtung von Aufgaben einer Sicherheitsfachkraft und der Ausbildung zur Fachkraft für Arbeitssicherheit. Jedoch ist es unerlässlich, beim beschreiben dieser Themen darauf einzugehen, was Arbeitsschutz eigentlich ist, was seine Ziele sind und warum er in Betrieben verankert ist. Darauf aufbauend lässt sich sowohl ein Leitbild für die Fachkraft für Arbeitssicherheit erstellen und der Ausbildungsgang auf der Leitzielebene analysieren (Kapitel 5). Im Anschluss wird der curriculare Aufbau der Ausbildung zur Sicherheitsfachkraft beschrieben (Kapitel 6). Auf eine detaillierte Auseinandersetzung mit der Lehr-Lern-Prozess-Ebene wird aufgrund des juristischen Schwerpunktes dieser Hausarbeit verzichtet. Kapitel 7 widmet sich den Aufgaben der Sifa und beleuchtet dabei insbesondere das

---

[1] Vgl. Statistisches Bundesamt (Hrsg.), et al., S. 83
[2] Vgl. Klimpel, et al., 2006, S. 30f.
[3] Vgl. Wilhelm, 2007, S. 28
[4] Vgl.Kern, et al., 2005, S. 5
[5] Die Begriffe Fachkraft für Arbeitssicherheit, Sicherheitsfachkraft und Sifa werden in dieser Arbeit analog verwendet.

Zusammenwirken mit dem Betriebsarzt. Das letzte Kapitel dieser Hausarbeit
fasst die Ergebnisse zusammen und gibt einen Ausblick.

2. Grundlagen des Arbeitsschutzes und Systematisierung des Arbeitsschutzrechts

Als Arbeitsschutz soll in dieser Ausarbeitung der umfassende Schutz von
Arbeitnehmern vor berufsbedingten Gefahren und schädigenden Belastungen,
welche im Zusammenhang mit ihrer Tätigkeit entstehen, verstanden werden.
Dabei umfasst er alle Maßnahmen zur Unfallprävention und der Vermeidung
arbeitsbedingter Erkrankungen sowie der menschengerechten Gestaltung der
Arbeit. Sein Ziel ist es, die physische und psychische Leistungsfähigkeit der
Beschäftigten zu erhalten bzw. zu stärken. Der Begriff Arbeitsschutz ist in
Arbeitssicherheit und Gesundheitsschutz sowie Gesundheitsförderung zu
unterteilen. Ziel der Arbeitssicherheit ist der verletzungsfreie Betrieb, was
Sicherheitstechnik und Betriebssicherheit umfasst, während unter
Gesundheitsschutz Maßnahmen zur Vermeidung von arbeitsbedingten
Erkrankungen verstanden wird. „Betriebliche Gesundheitsförderung umfasst
alle gemeinsamen Maßnahmen von Arbeitnehmern und Arbeitgebern, die die
Gesundheit der Mitarbeiter verbessern und das Wohlbefinden am Arbeitsplatz
steigern."[6] Diese Maßnahmen zielen darauf ab Verbesserungen der Gesundheit,
den Erhalt der Arbeitskraft, die Senkung des Krankenstandes, die Stärkung der
Arbeitszufriedenheit, die Steigerung der Arbeitsmotivation bzw. des
Wohlbefindens und eine Verbesserung des Betriebsklimas zu erreichen.

Das Arbeitsschutzrecht ist, den Schutzcharakter gegenüber dem Arbeitnehmer
betonend, dem Arbeitsrecht zuzuordnen und umfasst im Wesentlichen
Regelungsinhalte, welche vom Öffentlichen Recht her konzipiert sind.[7]
Daneben steht das autonome Recht der Unfallversicherungsträger, welche
berufsgenossenschaftliche Vorschriften, Richtlinien und Sicherheitsregeln
erlassen. Diese beiden Rechtssäulen werden von privatrechtlichen Verträgen
wie Tarifverträgen und Betriebsvereinbarungen ergänzt. Zudem fördern zwei
EU-Richtlinien die Harmonisierung staatlicher Arbeitsschutznormen, wobei
die bedeutendsten Inhalte in Art. 95 (zur technischen Harmonisierung) und Art.

---

[6] Vgl. Unternehmensnetzwerk zur betrieblichen Gesundheitsförderung e.V., 2007, S. 1
[7] Vgl. Zöllner, et al., 2008, S.321

137 (zum Arbeitsschutz) des EG-Vertrages geregelt sind. Nationale Gesetzgebungskompetenzen zum Arbeitsschutz obliegen überwiegend dem Bund nach der konkurrierenden Gesetzgebung gemäß Art. 74 I Satz 12 GG. Danach sind landesgesetzliche Regelungen nur zulässig, solange und soweit der Bund von seiner Gesetzgebungskompetenz keinen Gebrauch gemacht hat (Art. 72 I GG). Die Regelungsinhalte lassen sich in vier Gruppen unterteilen: Den technischen Gefahrenschutz, welcher auf eine Verhütung von Arbeitsunfällen abzielt (im Wesentlichen ArbSchG, ASiG, ArbStättV), dem Arbeitszeitschutz, welcher Regelungen wie Höchstarbeitszeit oder Pausenzeiten zum Gegenstand hat (ArbZG, JArbSchG, MuSchG) und dem Arbeitsvertragsschutz (z.B. § 109 II GewO), welcher Arbeitnehmer vor unsozialer Gestaltung der individualvertragsrechtlichen Arbeitsvertragsbestimmungen schützen soll, in Deutschland aufgrund der hohen Bedeutung des Kollektivarbeitsrechts allerdings eine geringe Bedeutung hat.[8] Die Überwachung der bundesrechtlichen Normen ist Aufgabe der Arbeitsaufsichtsbehörden auf Länderebene.[9]

Unter dem Begriff Arbeitsschutzsystem wird die Kooperation der betrieblichen und überbetrieblichen Akteure im Arbeitsschutz bezeichnet. Dabei unterscheidet man zwischen dem überbetrieblichen Arbeitsschutzsystem, bei dem im Wesentlichen Staat und Unfallversicherungsträger kooperieren (Gesetzgebung, Prävention und Kontrolle, Beratung betrieblicher Akteure, Rehabilitation, Renten), und dem betrieblichem Arbeitsschutzsystem, in dem die vom Unternehmer bestimmten Funktionsträger, Führungskräfte, Fachkräfte für Arbeitssicherheit, Betriebsärzte, Sicherheitsbeauftrage und Mitglieder der Personalvertretung, Aufgaben und Pflichten zu erfüllen haben.

3. Leitbild des modernen Arbeitsschutzes

Wer die Aufgaben einer Fachkraft für Arbeitssicherheit beleuchten will, muss hinterfragen, was „guten" Arbeitsschutz eigentlich ausmacht. Dieser umfasst nach einem zeitgemäßen Verständnis mehr als lediglich eine Vermeidung von Unfällen in Betrieben. Vielmehr gilt es, die Arbeit dem Menschen so weit möglich menschengerecht zu gestalten und so Nutzen im Betrieb zu schaffen.

---

[8] Vgl. Söllner, et al., 2009, S. 182f.
[9] Vgl. Hans Böckler Stiftung, 2006, S. 1

Leitfrage ist demnach nicht mehr „Was macht krank?" sondern „Was erhält gesund?", weshalb alle salutogenen Faktoren in das betriebliche Handeln mit einbezogen werden sollen. Dieses ganzheitliche Verständnis erfordert es, sämtliche Erkrankungs- und Verletzungsgefahren sowie Potentiale der Gesundheitsförderung einzusetzen und zu optimieren, wobei Gefährdungen risikoorientiert bekämpft werden sollen (§ 4 ArbSchG). Dabei sollen die Wechselwirkungen der physikalischen, chemischen, biologischen, physischen, psychischen und sozialen Wirkungseinflüsse beachtet werden, womit deutlich wird, dass nicht ausschließlich naturwissenschaftlich analysierbare Gefährdungsfaktoren zu betrachten sind.

Motive des Arbeitsschutzes sind neben rechtlichem Zwang somit eine human-ethische Verpflichtung gegenüber allen Beschäftigten, welche die Unversehrtheit und Würde des Menschen als wichtiges Gut betrachtet, sowie betriebswirtschaftliche und volkswirtschaftliche Aspekte. So kosten krankheits- und verletzungsbedingte Fehlzeiten, wodurch unter anderem Produktionsausfälle sowie Kosten im Gesundheitssystem entstehen, die nationale Volkswirtschaft etwa 70 Mrd. € jährlich.[10] Der Aufwand der Unfallversicherungsträger betrug im Jahr 2008 für Entschädigungen, Heilbehandlungen und Renten etwa 17,1 Mrd. €.[11]

Weiterhin gilt Arbeitsschutz nicht mehr als isoliert zu betrachtende betriebliche Funktion, sondern soll als integraler Bestandteil aller Aufgaben und Funktionen betrachtet werden. Damit folgt der Arbeitsschutz dem Leitbild einer integrierten Unternehmensführung, nach deren Maxime ein Unternehmen als soziales System gesehen und dessen innere Struktur sowie seine Wechselwirkungen mit der Umwelt untersucht werden.[12] Daraus resultiert ein abstrakt-formales Denkgerüst, das es ermöglicht, verschiedene Wissenschaftsdisziplinen zu verbinden. Somit ist Arbeitsschutz „eine gemeinschaftliche Aufgabe, der jeder im Rahmen seiner Möglichkeiten nachkommen muss. Er beginnt im Denken und Handeln der

---

[10] Vgl. Deutscher Verkehrssicherheitsrat, 2006, S.13ff.
[11] Vgl. Deutsche Gesetzliche Unfallversicherung, 2008, S. 79ff.
[12] Vgl. Macharzina, et al., 2008, S. 70

Unternehmensführung"[13] und ist daher als unternehmerische Zielsetzung zu verfolgen.

Ferner soll der zeitgemäße Arbeitsschutz stets präventiv handeln, um Verletzungen und Erkrankungen zu vermeiden bevor sie entstehen (Primärprävention). Maßnahmen, welche dieses Ziel auf betrieblicher Ebene realisieren sollen, werden konzeptives Handeln genannt und umfassen (im Gegensatz zum korrektiven Handeln) das vorausschauende Vermeiden oder das aktive Suchen von Gefahren im Betrieb. Dies setzt bereits bei der Beschaffung von technischen Anlagen und Maschinen an und umfasst eine kontinuierliche Verbesserung der Arbeitsbedingungen. Betrachtungsgegenstand ist stets das komplette Arbeitssystem bestehend aus Technik, Organisation und Personal und den Wechselwirkungen zwischen ihnen (vgl. Abbildung 1). Dabei wird deutlich, dass verschiedene Wissenschaftsdisziplinen hier involviert sind.

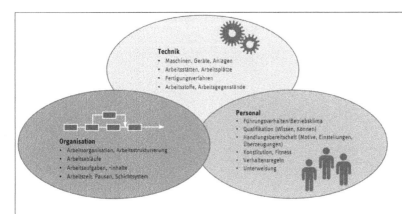

Abbildung 1: Ansatzpunkte der Arbeitszeitsystemgestaltung

Punktuelles Herausgreifen einzelner isolierter Gefährdungen hat nach Meinung der Unfallversicherungsträger einen deutlich geringeren Wirkungsgrad.

Abbildung 2 fasst die in diesem Kapitel skizzierten Grundsätze zusammen.

---

[13] Vgl. Kern, et al., 2005, S. 33

Abbildung 2: Grundsätze des modernen Arbeitsschutzes

4. Einordnung der Fachkraft für Arbeitssicherheit in die Organisation

Die Fachkraft für Arbeitssicherheit ist ein wichtiger Bestandteil des betrieblichen Arbeitsschutzsystems. Sie hat eine i.d.R. Stabsfunktion inne und ist dem Unternehmer somit direkt disziplinarisch unterstellt, ohne aber über eine Weisungsbefugnis zu verfügen. In dieser Position soll die Sicherheitsfachkraft den Unternehmer von Aufgaben im Bereich Arbeitsschutz entlasten und diesem durch die Entwicklung von Konzepten oder Analysen zuarbeiten, um der Unternehmensleitung auf diesem Wege Informationen zum Zwecke der Entscheidungsunterstützung zu unterbreiten.

Der sachliche Anwendungsbereich des ASiG erstreckt sich über Betriebe der meisten Tätigkeitsbereiche mit Ausnahme des öffentlichen Diensts (§ 16 ASiG). Weitere Sonderregeln existieren für private Haushalte (§ 17 I ASiG) sowie für die Seeschifffahrt (§ 17 II ASiG) oder den Bergbau (§§17 III ASiG).

5. Die Ausbildung zur Fachkraft für Arbeitssicherheit auf der Leitzielebene

Das in Kapitel 3 beschriebene Leitbild des Arbeitsschutzes lässt sich ohne Weiteres auf die Fachkraft für Arbeitssicherheit ableiten. Demnach ist die

Sicherheitsfachkraft dafür verantwortlich präventiv Sicherheit und Gesundheit aller Beschäftigten zu unterstützen bzw. zu verbessern. Dazu ist es gemäß der Deutschen Gesetzlichen Unfallversicherung sowohl erforderlich, dass die Sifa Managementtechniken nutzt und systematisch handelt sowie Arbeitsschutz- und Gesundheitssysteme aufbaut, sowie als Fachberater der Unternehmensleitung sämtliche Teilgebiete des Arbeitsschutzes vernetzt und zusammenhängend denken und planen soll. Er ist daher Generalist für alle Disziplinen des Arbeitsschutzes, aber auch Spezialist für dessen betriebsspezifische Schwerpunkte.[14] Somit wird deutlich, dass die Fachkraft für Arbeitssicherheit nicht nur ein Experte für Arbeitssicherheit alleine ist, sondern den gesamten Arbeitsschutz als Tätigkeitsfeld zu betrachten hat. Die Berufsbezeichnung Sicherheitsfachkraft kann daher für Laien irreführend wirken.

Der Ausbildungsgang zur Fachkraft für Arbeitssicherheit wurde gemeinsam von der BAuA und den Unfallversicherungsträgern konzipiert. Die aktuelle Fassung mit dem Bearbeitungsstand von 2006 beschreibt unter anderem ein Kompetenzprofil der Sifa, welches hier folgend umrissen und grob analysiert werden soll.[15] Dieses setzt sich aus Fach-, Methoden-, und Sozialkompetenz sowie Schlüsselqualifikationen zusammen, wobei dies dem modernen berufspädagogischen Verständnis entspricht und in dieser Form auch in der „klassischen" Berufsausbildung gang und gäbe ist.[16]

Unter Fachkompetenzen werden neben allgemeinen Kenntnissen über Technik insbesondere Wissen über gesundheitliche Gefährdungen, sowie die Ermittlung und Bewertung von Gefahren genannt. Weiterhin soll die Sicherheitsfachkraft aber auch Konzepte der Arbeitsorganisation, sowie weiterhin Systeme der Arbeitszeit- und Pausengestaltung, Konzepte der Betriebsorganisation und Personalentwicklung im Rahmen der Ausbildung vermittelt bekommen. Die methodischen Kompetenzen umfassen neben Projekt- und Planungstechniken auch betriebswirtschaftliche Aspekte wie die Wirtschaftlichkeitsbeurteilungen. Unter Sozialkompetenzen werden hier subsummierend die Fähigkeiten zu

---

[14] Vgl. Deutsche Gesetzliche Unfallversicherung (Hrsg.), 2009, S. 8ff.
[15] Vgl. Hauptverband der gewerblichen Berufsgenossenschaften (Hrsg.); Bundesanstalt für Arbeitsschutz und Arbeitsmedizin (Hrsg.); Wienhold, Lutz; Schmauder, Martin, 2006, S. 17ff.
[16] Als Beispiel hierfür kann der Rahmenlehrplan für Mechatroniker genannt werden; vgl. Kultusministerkonferrenz, 1998, S. 2ff.

selbstständigem Arbeiten sowie der zielgerichteten sprachlichen Auseinandersetzung (Argumentationstechniken, Rhetorik, Gesprächsführung) mit anderen betrieblichen Akteuren verstanden. Dies dürfte unter anderem der Tatsache geschuldet sein, dass der Unternehmer argumentativ von der Sicherheitsfachkraft überzeugt werden soll, Geld in einen umfassenden Arbeitsschutz zu investieren und so einen höheren Sicherheits- und Gesundheitsstandard im Betrieb zu schaffen als gesetzlich vorgeschrieben. Schlüsselqualifikationen umfassen in Anlehnung an die Kompetenztheorie nach Reetz allgemeine Fähigkeiten, die dabei unterstützen sollen konkrete Handlungen in Einzelaufgaben korrekt anzuwenden bzw. umzusetzen.[17]

6. Die Ausbildung zur Fachkraft für Arbeitssicherheit auf der curricularen Ebene

Die Ausbildung zur Fachkraft für Arbeitssicherheit ist ein Bildungsgang der beruflichen Weiterbildung, weshalb es entsprechende Voraussetzungen für die Aufnahme der Ausbildung zur Sifa gibt: Zum Einen ist eine Techniker-, Meister- oder Ingenieursqualifikation gefordert, was nach Abschluss des Bildungsganges in die Abschlüsse Sicherheitstechniker, Sicherheitsmeister und Sicherheitsingenieur[18] mündet (§ 7 ASiG). Weiterhin sind 2 Jahre Berufserfahrung erforderlich (§ 3 Unfallverhütungsvorschrift für Betriebsärzte, Sicherheitsingenieure und andere Fachkräfte für Arbeitssicherheit). Die Ausbildungsinhalte bleiben allerdings identisch, weshalb sich Sicherheitsingenieur, Sicherheitstechniker und Sicherheitsmeister nur bezüglich ihrer Vorbildung unterschieden. Es liegt im Ermessen des Unternehmens, ob es die Einstellung eines Sicherheitsingenieurs für erforderlich erachtet.

Ohne die im Rahmen der Weiterbildung zur Sicherheitsfachkraft erworbene Fachkunde darf keine Person die Tätigkeit einer Fachkraft für Arbeitssicherheit

---

[17] Vgl. Reetz, 1991, S. 27ff.
[18] Nach § 7 II ASiG muss der Sicherheitsingenieur gemäß landesrechtlicher Bestimmungen dazu berechtigt sein die Berufsbezeichnung Ingenieur führen zu dürfen.

ausüben (§ 7 ASiG sowie weitere entsprechende Regelungen aus den Unfallverhütungsvorschriften BGV A 2, GUV-V A 6/ A 7).[19]

Das Curriculum zur Fachkraft für Arbeitssicherheit ist unterteilt in Präsenzunterricht und Selbstlerneinheiten, wobei die Ausbildung zwölf Wochen bis drei Jahre dauern kann. Die Dauer der Präsenzlerneinheiten umfasst dabei etwa sechs Wochen. Unterteilt wird dabei in drei Ausbildungsabschnitte, welche als „Grundausbildung", „vertiefende Ausbildung" sowie „Bereichsbezogene Vertiefung und Erweiterung der Fachkunde" bezeichnet werden und sich ihrerseits wiederum in Ausbildungsmodule gliedern. Darüber hinaus ist ein betriebliches Praktikum zu absolvieren, in welchem der Lehrgangsteilnehmer innerhalb von acht Wochen eine Aufgabenstellung innerhalb eines Betriebs bearbeiten soll und die Aufgaben einer Fachkraft für Arbeitssicherheit praktisch kennen lernt. Die Lage des Praktikums kann im Anschluss an die Selbstlernphase III von V vom Ausbildungsteilnehmer frei gewählt werden. Weiterhin sind Lernerfolgskontrollen (LEK) zu bestehen. Die Prüfungsinhalte beziehen sich jeweils ausschließlich auf die direkt vorgelagerten Präsenz- und Selbstlernabschnitte, weshalb man von einer modularisierten Weiterbildung sprechen kann. Abbildung 3 gibt einen Überblick über das Kerncurriculum.

In Ausbildungsstufe I soll insbesondere Grundwissen über betriebliche Gefahrenquellen vermittelt sowie über die Gestaltung menschengerechter Arbeitsbedingungen informiert werden. Ferner erfolgt ein Überblick über die für die Sicherheitsfachkraft relevanten Rechtsquellen sowie über das Leitbild des modernen Arbeitsschutzes. Ausbildungsstufe II baut nach dem didaktischen Grundprinzip „vom Einfachen zum Komplexen" auf dieses Grundwissen auf und zielt vor allen Dingen auf die Anwendung dessen im Rahmen von Fallstudien ab. Der betrachtete Ausbildungsinhalt erweitert sich demnach nicht, sondern der Anforderungsgrad der formulierten Lernziele steigt (Kenntnisse auf andere Sachverhalte übertragen an Stelle von bloßem Wissenserwerb). Der betrachtete Ausbildungsinhalt erweitert sich demnach

---

[19] Eine nach §12 ASiG zuständige Behörde kann es dem Unternehmer gemäß § 18 ASiG gestatten eine Fachkraft für Arbeitssicherheit kommissarisch über einen festzulegenden Zeitraum ohne entsprechende Fachkunde einzusetzen, wobei allerdings die Verpflichtung erforderlich ist, diese Person entsprechend fortbilden zu lassen, vgl. Anzinger, et al., 1998, § 18 Rn. 2.

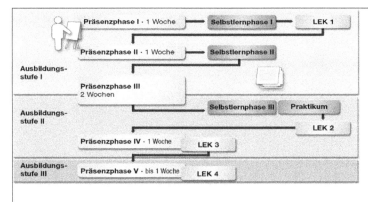

Abbildung 3: Kerncurriculum des Weiterbildungsgangs zur Fachkraft für Arbeitssicherheit

nicht, sondern der Anforderungsgrad der formulierten Lernziele steigt (Kenntnisse auf andere Sachverhalte übertragen an Stelle von bloßem Wissenserwerb). Im Rahmen von Ausbildungsstufe III sollen entsprechend der branchenspezifischen Herkunft der Lehrgangsteilnehmer bereichsbezogene Kenntnisse aufbauend auf die Ausbildungsstufen I und II thematisiert werden (Schwerpunktbezogene Weiterbildung).

Der Weiterbildungslehrgang zur Sifa kann direkt bei der Deutschen Gesetzlichen Unfallversicherung oder alternativ sonstigen zertifizierten Bildungsträgern absolviert werden.

7. Aufgaben der Fachkraft für Arbeitssicherheit

7.1 Gemeinsame Aufgaben mit dem Betriebsarzt

Viele ihrer Aufgaben nimmt die Sicherheitsfachkraft gemeinsam bzw. parallel mit dem Betriebsarzt wahr. Die entsprechenden Aufgabenkataloge der beiden betrieblichen Funktionsträger lassen sich § 3 ASiG (Betriebsarzt) sowie § 6 ASiG (Fachkraft für Arbeitssicherheit) entnehmen, wobei Pieper darauf hinweist, dass die Auflistungen nicht abschließend sind.[20] Aufgrund der hohen Anzahl diverser Tätigkeiten, werden im Rahmen dieser Arbeit primär die Hauptaufgaben beschrieben und der Bezug zum Betriebsarzt erläutert.

---

[20] Vgl. Pieper, 2009, S. 893

Vorrangig bei Diskussion der Aufgaben von Betriebsarzt und Sicherheitsfachkraft ist die Unterstützung des Arbeitsgebers in Fragen des Arbeitsschutzes und bei der Unfallverhütung (§§ 3 I Satz 1; 6 I Satz 1 ASiG) zu nennen. Damit wird die Zielsetzung des ASiG aus § 1 den beiden Funktionsträgern zugewiesen. Des Weiteren ordnet diese Norm den beiden Akteuren jeweils eine Spezialtätigkeit zu, welche bei der Fachkraft für Arbeitssicherheit die menschengerechte Gestaltung der Arbeit ist (§ 6 I ASiG), während der Betriebsarzt für den Gesundheitsschutz zuständig ist. Diese gemeinsame Verantwortung für Aufgaben im Arbeitsschutz mit Spezialisierung der jeweils vorhandenen Kernkompetenzen spiegelt sich mit vielen weiteren der in §§ 6 I Nr. 1 und 3 I Nr. 1 aufgeführten Tätigkeiten und soll folgend anhand zweier weiterer Beispiele verdeutlicht werden: Die Aufgaben „Planung, Ausführung und Unterhaltung von Betriebsanlagen und von sozialen und sanitären Einrichtungen", „Beschaffung von technischen Arbeitsmitteln und (…) Einführung (von) Arbeitsverfahren und Arbeitsstoffen" sowie die „Beurteilung der Arbeitsbedingungen" werden in §§ 3 I Nr. 1 bzw. 6 I Nr. 1 jeweils für beide Funktionen genannt, was die Erfordernis einer Zusammenarbeit der beiden Funktionsträger unterstreicht und separat in § 10 ASiG nochmals ausdrücklich beschrieben wird. Durch dieses parallele Handeln wird der Arbeitsschutz nach Meinung von Anzinger und Bieneck deutlich effektiver und effizienter.[21] Die Kooperation geht nach § 10 I ASiG sogar so weit, dass die laut Aufgabenkatalog eigentlich unbeteiligte Person sich dennoch einbringen muss. Dies könnte bsp. die Einbeziehung arbeitsmedizinischer Aspekte bei der menschengerechten Gestaltung von Arbeitsbedingungen sein.

Eine weitere gemeinsame Aufgabe ist die regelmäßige Begehung der Arbeitsstätten (§§ 3 I Nr. 3 Buchstabe a, 6 I Nr. 3 Buchstabe a), wobei bei die Beurteilung der Arbeitsbedingungen nach ArbStättV sowie entsprechender UVV auf Basis der Gefährdungsbeurteilung aus § 5 ArbSchG geschehen soll. Hierbei sollte regelmäßig von Betriebsarzt und Sicherheitsfachkraft das Gespräch mit den Mitarbeitern gesucht werden, um von diesen im Dialog wichtige Informationen zu Mängeln im Arbeitsschutz zu erfahren meint

---

[21] Vgl. Anzinger, et al., 1998, § 6, Rn. 4

Pieper.[22] Sollten Mängel festgestellt werden, so sind dem Arbeitgeber Vorschläge zu deren Beseitigung zu unterbreiten (§§ 3 I Nr. 3 Buchstabe a, 6 Nr. 3 Buchstabe a ASiG). Analog sind von der Fachkraft für Arbeitssicherheit Arbeitsunfälle zu analysieren und dem Arbeitgeber Maßnahmen zur Unfallverhütung vorzuschlagen (§ 6 Nr. 3 Buchstabe c ASiG).

Auch die Überwachung des Tragens der persönlicher Schutzausrüstung, wie beispielsweise Helm und Handschuhe, sind Pflichten der beiden Funktionsträger (§§ 3 I Nr. 3 Buchstabe b, 6 Nr. 3 Buchstabe b ASiG).

Parallel zu den Unterweisungspflichten des Unternehmers nach § 12 ArbSchG hat die Sifa darauf zu achten, dass die Mitarbeiter sich bezüglich des Arbeitsschutzes und der Unfallverhütung förderlich verhalten und sie über Maßnahmen zur Gefahrenreduktion zu belehren und bei der Schulung der Sicherheitsbeauftragten mitzuwirken (§ 6 Nr. 4 ASiG). Die Beschäftigten werden jährlich nach Maßgabe der BGV A1 (Grundsätze der Prävention) in Form einer Unterweisung über die Gefahren und die Maßnahmen zu ihrer Abwendung aufgeklärt. Analog dazu berät der Betriebsrat die Arbeitnehmer hinsichtlich Gesundheitsgefahren und wirkt bei der Einsatzplanung und der Ausbildung der Ersthelfer mit (§ 3 I Nr. 4 ASiG). Weiterhin nehmen beide nach Maßgabe des § 11 ASiG am Arbeitsausschuß teil.

Hinsichtlich der Pflichten und Aufgaben des Arbeitgebers (§§ 3,4,5 ArbSchG) haben beide ferner eine unterstützende sowie beratende Funktion. Hierbei reicht die Aufgabe neben der Beratung über Unfallgefahren und -schwerpunkte sowie deren Ursachen über die gesundheitsfördernde Gestaltung von Arbeitssystemen sowie dem Aufbau eines Managementsystems im Arbeitsschutz.

7.2 Die sicherheitstechnische Prüfung als fachspezifische Hauptaufgabe der Fachkraft für Arbeitssicherheit

Die sicherheitstechnische Prüfung von Betriebsanlagen und technischen Arbeitsmitteln ist die fachspezifische Hauptaufgabe und wird weitgehend ohne Einbezug des Betriebsarztes durchgeführt. Sie untergliedert sich in die sicherheitstechnische Prüfung von Arbeitsmitteln und die sicherheitstechnische

---

[22] Vgl. Pieper, 2009, S. 898, Rn 71

Prüfung von Arbeitsverfahren. Ersteres umfasst dabei neben dem Abgleich produktbezogener Anforderungen wie bsp. CE- oder GS-Zeichen, Probeläufe mit gezielter Simulation von Störfällen, aber auch den Stand der Unterweisungen. Dabei hebt der Gesetzgeber in § 6 II ASiG vor allem die sicherheitstechnische Prüfung vor der Inbetriebnahme von technischen Arbeitsmitteln und Betriebsanlagen hervor. Allerdings bezieht sich diese Prüfung nach § 2 III BetrSichV auch auf „alle anderen Phasen der Benutzung von Arbeitsmitteln, also   auch die Gewährleistung von Sicherheit bei Ingangsetzung und Stillsetzen, Gebrauch, Transport, Instandhaltung sowie Umbau."[23]

Die sicherheitstechnische Prüfung von Arbeitsverfahren bezieht sich zum einen auf Einzelarbeitsplätze (z.B. Einrichtung von Schweißarbeitsplätzen) sowie auf „größere" Änderungen am Produktionssystem (z.b. Einführung der Fließfertigung an Stelle von Werkstätten).

8. Fazit und Ausblick

Diese Hausarbeit hat als Gegenstand die Aufgaben und die Ausbildung von Fachkräften für Arbeitssicherheit zu beschreiben. Zu Beginn der Untersuchung stellte sich rasch heraus, dass sich der Arbeitsschutz in den letzten Jahren stetig gewandelt hat, sodass es unter anderem deshalb unerlässlich war, zunächst zu beschreiben, was unter zeitgemäßem Arbeitsschutz zu verstehen ist. Es zeigte sich rasch, dass hier ein gewachsenes modernes Verständnis bzw. Leitbild in der Ausbildung einer Deregulierungspolitik bei den Aufgaben gegenüber steht. Kern und Schmauder formulieren zwar positiv, dass sich die „allgemein gehaltenen Schutzziele" sowie der Verzicht von Details[24] sich in Freiräumen für individuelle und praxisgerechte Lösungen niederschlagen, betonen aber gleichzeitig, dass die gewonnenen Dispositionsmöglichkeiten auch genutzt werden müssen.[25] Inwiefern die gesetzlich formulierten Zielsetzungen ausreichen, um das Leitbild des modernen Arbeitsschutzes in jedem Betrieb auch mit Leben auszufüllen und die Ziele zu erreichen, vermag an dieser Stelle nicht geklärt werden. Die Sicherheitsfachkräfte alleine sind ohne

---

[23] Vgl. Pieper, 2009, S. 902, Rn. 91
[24] Vgl. Kern, et al., 2005, S. 222
[25] Vgl. Kern, et al., 2005, S. 225

Weisungsbefugnis ausgestattet und bei Investitionen, welche über den gesetzlichen Standard hinausgehen, auf Zustimmung des Unternehmers angewiesen.

Die Sicherheitsfachkraft arbeitet viele Aufgaben mit dem Betriebsarzt parallel ab, was gewisse soziale Kompetenzen auf beiden Seiten erfordert. Nur wenige Aufgaben lassen sich isoliert vom Betriebsarzt beschreiben. Der Kern der Tätigkeiten lässt sich dabei mit der Beratung des Arbeitgebers in Bezug auf Arbeitsschutz gemeinsam mit Betriebsarzt sowie der menschengerechten Gestaltung der Arbeit zusammenfassen.

Dass die Aufgaben der Sifa indes komplexer werden, und somit auch die Notwendigkeit einer guten Ausbildung steigt, zeigt sich an den in der Zukunft vermutlich weiter zunehmenden Herausforderungen des Arbeitsschutzes. Ein Beispiel hierzu wäre der Umgang mit den Folgen von Mehrarbeit - vor allem ausgelöst durch die Flexibilisierung der Arbeit. [26] Im Jahr 2003 wurden in der Multimediabranche laut Wingen und Schulze von etwa 75% aller Beschäftigten Überstunden geleistet, wobei 26,2% mindestens acht Stunden länger arbeiteten als arbeitsvertraglich vereinbart (n=673). [27] Daraus können gesundheitliche Beeinträchtigungen resultieren und die Wahrscheinlichkeit von Arbeitsunfällen steigt. [28] Weiterhin wäre die menschengerechte Gestaltung von Arbeitsplätzen für ältere Beschäftigte zu nennen. [29] Deshalb ist es wichtig, dass die Fachkraft für Arbeitssicherheit eine starke Position innerhalb von Organisationen hat, um dem betrieblichen Arbeitsschutzsystem von kompetenter technischer Seite Leben einhauchen zu können.

---

[26] Vgl. Kern, et al., 2005, S. 27f.
[27] Vgl. Wingen, et al., Ohne Datumsangabe, S. 3
[28] Vgl. Bundesanstalt für Arbeitsschutz und Arbeitsmedizin, 2009, S. 5
[29] Vgl. Bundesanstalt für Arbeitsschutz und Arbeitsmedizin, ohne Datumsangabe, S. 38ff.

Anhang A: Literatur- und Quellenverzeichnis

Arbeitsrecht [Buch] / Verf. Söllner Alfred und Waltermann Raimund. - München : Verlag Franz Vahlen, 2009.

Arbeitsrecht - Ein Studienbuch [Buch] / Verf. Zöllner Wolfgang, Loritz Karl-Georg und Hergenröder Curt Wolfgang. - München : Verlag C.H. Beck, 2008.

Arbeitsschutz durch Gefährungsanalyse [Buch] / Verf. Jürgen Karin [et al.]. - Berlin : Rainer Bohn Verlag, 1997.

Arbeitsschutzrecht - Kommentar für die Praxis [Buch] / Verf. Pieper Ralf. - Frankfurt am Main : Bund-Verlag, 2009.

Arbeitssicherheitsmanagement - Organisation, Delegation, Führung, Aufsicht [Buch] / Verf. Schliephacke Jürgen. - Frankfurt am Main : Frankfurter Allgemeine Zeitung, Verlagsbereich Wirtschaftsbücher, 1992. - Bd. 3.

Aufgaben der staatlichen Arbeitsschutzaufsicht [Online] / Verf. Hans Böckler Stiftung // Hans Böckler Stiftung. - Oktober 2006. - 11. September 2010. - http://www.boeckler.de/pdf/mbf_as_staataschutz_2006.pdf.

BGZ-Report 1/2006 - Die Ausbildung zur Fachkraft für Arbeitssicherheit - Optimierung 2006 [Online] / Verf. Hauptverband der gewerblichen Berufsgenossenschaften (Hrsg.); Bundesanstalt für Arbeitsschutz und Arbeitsmedizin (Hrsg.); Wienhold, Lutz; Schmauder, Martin. - Dezember 2006. - 25. September 2010. - http://www.dguv.de/bgag/de/qualifizierung/angebot/fuehrung/sifa/bgz1_06.pdf.

Datenreport 2008 - Ein Sozialbericht für die Bundesrepublik Deutschland [Online] / Verf. Statistisches Bundesamt (Hrsg.); Zentrum für Sozialindikatorenforschung (Hrsg.); Wissenschaftszentrum Berlin für Sozialforschung (Hrsg.); Noll, Heinz-Herbert; Habich, Roland // Statistisches Bundesamt Deutschland. - 2008. - 7. September 2010. - https://www-ec.destatis.de/csp/shop/sfg/bpm.html.cms.cBroker.cls?cmspath=struktur,vollan zeige.csp&ID=1022978.

Demographiefestes Unternehmen [Online] / Verf. Bundesanstalt für Arbeitsschutz und Arbeitsmedizin. - Ohne Datumsangabe. - 23. September 2010. - http://www.age-management.net/downloads/download.php?id=92.

DGUV-Statistiken für die Praxis 2008 - Aktuelle Zahlen und Zeitreihen aus der Deutschen Gesetzlichen Unfallversicherung [Online] / Verf. Deutsche Gesetzliche Unfallversicherung (Hrsg.). - 2008. - 12. September 2010. - http://www.dguv.de/inhalt/zahlen/documents/dguvstatistiken2008d.pdf.

Duales System zwischen Tradition und Innovation [Artikel] / Verf. Reetz Lothar // Wirtschafts-, Berufs- und Sozialpädagogische Texte (WBST). - Köln : Müller Botermann Verlag, 1991. - Bd. Sonderband IV.

Einführung in den Arbeitsschutz [Buch] / Verf. Kern Peter und Schmauder Martin. - München, Wien : Carl Hanser Verlag, 2005.

Familie und Beruf - Wege zur Vereinbarkeit [Buch] / Verf. Wilhelm Carsten. - Saarbrücken : VDM-Verlag Dr. Müller, 2007.

Fehlzeiten kosten in Deutschland etwa 70 Milliarden Euro jährlich [Artikel] / Verf. Deutscher Verkehrssicherheitsrat // DVR-Report - Fachmagazin für Verkehrssicherheit. - Bonn : Deutscher Verkehrssicherheitsrat e.V. (Hrsg.), 2006. - 03/2006.

Fernlehrgang mit Präsenzphasen bei der Deutschen Gesetzlichen Unfallversicherung [Online] / Verf. Deutsche Gesetzliche Unfallversicherung (Hrsg.). - Juni 2009. - 25. September 2010. - http://dguv.de/inhalt/praevention/aus_weiter/fachkraft/GUV_80_2_RS.pdf.

Kommentar zum Arbeitssicherheitsgesetz [Buch] / Verf. Anzinger Rudolf und Bieneck Hans-Jürgen. - Frankfurt am Main : Verlag Recht und Wirtschaft, 1998.

Lange Arbeitszeiten und Gesundheit [Online] / Verf. Bundesanstalt für Arbeitsschutz und Arbeitsmedizin. - 6. April 2009. - 23. September 2010. - http://www.baua.de/cae/servlet/contentblob/668716/publicationFile/92242/arti kel20.pdf.

Luxemburger Deklaration zur Betrieblichen Gesundheitsförderung in der Europäischen Union [Online] / Verf. Unternehmensnetzwerk zur betrieblichen Gesundheitsförderung e.V. // Unternehmensnetzwerk zur betrieblichen Gesundheitsförderung e.V.. - 25. Oktober 2007. - 8. September 2010. - http://www.netzwerk-unternehmen-fuer-gesundheit.de/fileadmin/rs-dokumente/dateien/Luxemburger_Deklaration_22_okt07.pdf.

Pflichtenheft Arbeitsschutzrecht - Aufgabenkatalog zur Vermeidung von Ordnungswidrigkeiten und Straftaten [Buch] / Verf. Lenz Kerstin und Schünemann Joachim. - Heidelberg, München, Landsberg, Frechen, Hamburg : Verlagsgruppe Hüthig Jehle Rehm, 2009.

Rahmenlehrplan für den Ausbildungsberuf Mechatroniker/Mechatronikerin [Online] / Verf. Kultusministerkonferrenz. - 30. Januar 1998. - 17. September 2010. - http://berufliche.bildung.hessen.de/p-rahmenplaene-kmk/mecha-01.pdf.

Sicherheitsbeauftragte in Theorie und Praxis [Buch] / Verf. Siller Ewald und Schliphacke Jürgen. - Wiesbaden : Universum-Verlagsanstalt, 1985.

Unternehmensführung - Das internationale Managementwissen - Konzepte, Methoden, Praxis [Buch] / Verf. Macharzina Klaus und Wolf Jürgen. - Wiesbaden : Gabler, 2008.

Vertrauensarbeitszeit: Hintergründe und Gestaltungserfordernisse für Gesundheit, Sicherheit und Leistung unter Zeitautonomie [Online] / Verf. Wingen Sascha und Schulze Tanja. - Ohne Datumsangabe. - 26. September 2010. - http://prospektiv.de/extensions/bibliothek/Dokumente/PDF/workshop_psychol ogie_arbeitssicherheit_28_05_03.pdf.

Work-Life-Balance [Buch] / Verf. Klimpel Melanie und Schütte Tina. - München, Mering : Hamp-Verlag, 2006.

Zeitgemäßer Arbeitsschutz [Online] / Verf. Deutsche Gesetzliche Unfallversicherung (Hrsg.). - Juni 2009. - 25. September 2010. - http://dguv.de/inhalt/praevention/aus_weiter/fachkraft/GUV_80_0.pdf.